AF555825

LA SOUCOUPE

COMÉDIE EN UN ACTE

Représentée pour la première fois, à Paris, sur le théâtre du GYMNASE, le 7 octobre 1881.

TRESSE, LIBRAIRE-ÉDITEUR

DU MÊME AUTEUR :

Format in-18.

Le Bas de laine, comédie-vaudeville en trois actes (en collaboration avec MM. Duru et Gastineau).......... 2 fr.

Le Club des Séparées, folie-vaudeville en un acte.. 1 fr.

L'Education d'Ernestine, com.-vaud. en un acte. 1 fr.

Les Esprits des Batignolles, folie-vaud. en un acte. 1 fr.

Un Fiancé à l'heure, comédie-vaudeville en un acte (en collaboration avec M. V. Bernard)............... 1 fr.

Forte en gueule, revue en trois actes (en collaboration avec M. Clairville)...... .... 2 fr.

Kosiki, opéra-comique en trois actes (en collaboration avec M. A. Liorat)......................... ... 2 fr.

La Liqueur d'or, opéra-comique en trois actes (en collaboration avec M. Liorat)......................... 2 fr.

Mariée depuis midi, pièce en un acte (en collaboration avec M. Liorat)................................ 1 fr. 50

Mon Mari est à Versailles, comédie en un acte (en collaboration avec M. Gastineau)................ 1 fr. 50

L'Opéra aux Italiens, à-propos en un acte......... 1 fr.

L'Opoponax, opérette en un acte (en collaboration avec M. Nuitter) .... 1 fr. 50

Pomme d'api, opérette en un acte (en collaboration avec M. L. Halévy)............................ 1 fr. 50

Sol-si-ré-pif-pan, bouffonnerie-musicale en un acte. 1 fr.

Le Truc du Colonel, pièce en un acte (en collaboration avec M. Liorat)............................ 1 fr. 50

IMPRIMERIE GÉNÉRALE DE CHATILLON-SUR-SEINE, JEANNE ROBERT

LA

SOUCOUPE

COMÉDIE EN UN ACTE

DE

M. WILLIAM BUSNACH

PARIS
TRESSE, ÉDITEUR
GALERIE DU THÉATRE-FRANÇAIS
PALAIS-ROYAL

1881

PERSONNAGES

DE BONNIÈRES, 36 ans..................	M. LAGRANGE.
CYPRIENNE, sa femme, 25 ans.........	Mlles MARY-JULLIEN.
VALENTINE BERTIN, amie de Cyprienne, 22 ans..............................	RENÉE SIGALL.
FANNY, femme de chambre de madame Bertin..................................	GENNETIER.
BAPTISTE, domestique de M. de Bonnières..................................	MM. ISMAEL.
MONSIEUR BERTIN, personnage muet..	DUFERNEX.

La scène se passe aux environs de Nevers,
dans un château appartenant à M. de Bonnières.
De nos jours.

NOTA. — Les personnages sont inscrits en tête de chaque scène comme ils doivent être placés au théâtre, le premier tient la gauche du spectateur. Les changements sont indiqués par des notes.

LA SOUCOUPE

Le théâtre représente un petit salon coquettement meublé. — A droite, une cheminée. — A gauche, une grande table avec des albums, des journaux, des livres et un vase du Japon. — Causeuse à gauche, porte au fond. — A gauche, une fenêtre. — A droite, deuxième plan, une porte.

SCÈNE PREMIÈRE

CYPRIENNE, puis BAPTISTE.

Au lever du rideau, Cyprienne est assise sur un pouff devant la table. Baptiste entre par le fond, apportant des journaux qu'il place sur la table.

BAPTISTE.

Madame, voici les journaux que le facteur vient d'apporter...

CYPRIENNE.

Merci... (Baptiste va pour sortir.) Il n'y a pas de lettres pour moi?

BAPTISTE.

Non, madame...

CYPRIENNE.

Bien. (Baptiste sort. — Elle se lève, va à la fenêtre et soulève le rideau.) Décidément, la campagne est insupportable! (Elle va à la cheminée et sonne. — Baptiste paraît.) Ravivez le feu, je vous prie.

Elle va s'asseoir auprès de la table, ouvre un journal qu'elle parcourt sans avoir l'air d'y prêter la moindre attention. Baptiste allume; quand le feu est allumé, Baptiste sort. — Cyprienne se lève et va se chauffer un pied devant la cheminée. En ce moment on entend la voix de de Bonnières.

SCÈNE II

CYPRIENNE, DE BONNIÈRES.

De Bonnières entre par le fond. Costume de campagne; l'air fatigué comme un homme qui vient de faire une longue course.

DE BONNIÈRES, à la cantonade *.

Dans une demi-heure, vous entendez!

CYPRIENNE, en l'entendant entrer, se retourne, d'un ton de reproche.

Ah! vous voilà? Eh bien... c'est heureux!

DE BONNIÈRES.

Que d'excuses j'ai à vous faire, ma chère Cyprienne... vous voyez combien j'avais raison en vous demandant de ne jamais m'attendre pour déjeuner.

CYPRIENNE, riant.

En effet!... je vous ai attendu jusqu'à midi... Et comme je mourais de faim, je me suis mise à table... Mais vous? avez-vous déjeuné, au moins?

DE BONNIÈRES.

Certainement! à deux lieues d'ici... (Voyant le feu.) Comment! du feu!... déjà...

* De Bonnières, Cyprienne.

CYPRIENNE.

Déjà!... mais nous sommes à la fin de septembre .. Il fait un froid de loup!

DE BONNIÈRES.

Vous trouvez...

CYPRIENNE.

Sans doute... je pensais même tout à l'heure à retourner à Paris...

DE BONNIÈRES.

Si tôt? Vous vous ennuyez donc bien à la campagne?

CYPRIENNE.

Non... seulement cette année, il me semble qu'il fait très froid dans votre Nivernais.

DE BONNIÈRES.

Et puis nous sommes seuls tous les deux... Et vous trouvez peut-être que le bonheur conjugal ressemble au duel. Quand il n'a pas de témoin, c'est un assassinat!

CYPRIENNE, riant.

Très joli!... mais vous ne vous en tirerez pas avec des mots... je vous préviens que je désire être prochainement installée dans notre hôtel du boulevard Malesherbes.

DE BONNIÈRES.

Du moment que vous l'exigez, ma chère Cyprienne... Mais au fait... Et votre amie... Madame Bertin?

CYPRIENNE.

Valentine... Eh bien?

DE BONNIÈRES.

Ne lui avons-nous pas écrit pour l'inviter à passer quinze jours à Boispréau avec son mari?

CYPRIENNE, très vivement.

Elle ne m'a pas répondu... je ne compte pas sur elle... pas du tout!

DE BONNIÈRES.

Alors, voilà qui est convenu... Et la semaine prochaine... à la fin de la semaine prochaine...

CYPRIENNE, vivement *.

Non!... non!... nous partirons samedi.

DE BONNIÈRES, vivement.

Dans trois jours! (Tristement.) Il est vrai que d'ici là, j'aurai tout le temps de terminer mes recherches!

CYPRIENNE, avec étonnement.

Vous cherchez quelque chose?

DE BONNIÈRES.

Si je cherche quelque chose! Mais vous n'avez donc pas remarqué mon air préoccupé, anxieux!...

CYPRIENNE.

Moi... non.

DE BONNIÈRES.

Et mes longues courses de chaque jour... qui me font oublier l'heure du déjeuner... comme aujourd'hui.

CYPRIENNE.

Je pensais que vous faisiez des promenades hygiéniques... par ordre de votre médecin. (De Bonnières fait un signe que non.) De quoi s'agit-il donc?

DE BONNIÈRES.

C'est un secret.

CYPRIENNE.

Dites-le moi vite...

DE BONNIÈRES.

J'y consens! Vous saurez qu'en 1725...

CYPRIENNE.

En 1725... Voulez-vous me permettre de m'asseoir?

DE BONNIÈRES.

Volontiers. (Ils s'asseoient.) Donc, en 1725, Marie Leczinska, fille du roi de Pologne...

* Cyprienne, de Bonnières.

CYPRIENNE.

Pardon... mais c'est un secret d'État, alors?

DE BONNIÈRES.

Pas le moins du monde... (Il reprend sa phrase.) Fille du roi de Pologne devint la femme de Louis XV, roi de France.

CYPRIENNE, riant.

J'ai eu un accessit d'histoire au Sacré-Cœur...

DE BONNIÈRES.

Attendez... A l'occasion de ce mariage, la corporation des potiers de Nevers, envoya à Versailles une députation chargée d'offrir aux royaux époux un chef d'œuvre de l'art céramique.

CYPRIENNE, se levant.

Ah! il s'agit encore de vos faïences! j'aurais dû m'en douter!...

DE BONNIÈRES, imperturbable.

Cette tasse, c'était une tasse!... est citée dans les mémoires de Bachaumont, comme une des merveilles de l'époque!...

CYPRIENNE.

Attendez donc! mais je me rappelle! Elle figure dans votre collection, cette tasse.

DE BONNIÈRES.

En effet, j'ai eu le bonheur de la trouver à Amsterdam... où les hasards de la Révolution l'avaient fait échouer...

CYPRIENNE.

Oui, oui, je sais... une grande tasse verdâtre... avec des couronnes... et des amours... c'est assez gentil.

DE BONNIÈRES, avec indignation.

Assez gentil!... une merveille.

CYPRIENNE, avec dédain.

Oh! une merveille! Une tasse qui n'a même pas de soucoupe!

DE BONNIÈRES.

En effet!... nous y voilà... Elle n'en a pas... mais en 1725, elle en avait une!

CYPRIENNE, riant.

Ah! je devine... c'est après cette soucoupe...

DE BONNIÈRES.

Justement! je sens que je ne serai complètement heureux que le jour où je la placerai dans ma vitrine... sous ma tasse sans pareille!

CYPRIENNE, riant.

C'est une vraie passion que vous avez là! Savez-vous que je commence à regretter de ne pas être une potiche.

DE BONNIÈRES, galamment, derrière la table.

Pas moi! car dans ce cas, je ne serais jamais assez riche pour vous posséder!

CYPRIENNE.

Pas trop mal!... mais pour en revenir à la...

DE BONNIÈRES.

Après de longues et infructueuses recherches, j'étais presque décidé à renoncer à cette soucoupe si désirée... lorsqu'il y a trois jours, j'époussetais ma collection devant Baptiste... mon valet de chambre...

CYPRIENNE, riant.

Ah! c'est vous qui...

Elle fait le geste d'épousseter.

DE BONNIÈRES, vivement.

Parbleu! croyez-vous que je permettrais à une main profane... Donc j'époussetais... quand Baptiste qui est de ce village, m'assura que, dans sa jeunesse, il avait vu une petite assiette... il appelle ça une petite assiette! dont les dessins et la couleur étaient absolument semblables à ceux de la tasse offerte au roi Louis XV.

CYPRIENNE.

Continuez, vous m'intéressez au dernier point!...

DE BONNIÈRES, il s'asseoit sur le pouff.

Par malheur, il ne put se rappeler en quel endroit il avait vu ma soucoupe! car elle m'appartient, c'est une infamie de la détenir plus longtemps.

CYPRIENNE, raillant.

En effet! c'est même un crime!

DE BONNIÈRES.

N'est-ce pas? Le lendemain, je me mettais à visiter l'une après l'autre toutes les fermes du pays.

CYPRIENNE, riant.

Ah! maintenant je comprends...

DE BONNIÈRES.

Courses sans résultat. Fatigues inutiles! La soucoupe est introuvable! Ce matin, on m'avait parlé d'une fermière qui demeure à deux lieues d'ici et que l'on citait comme possédant plusieurs pièces remarquables!... Je partis dès l'aube et j'arrivai à la ferme où je ne trouvai que sa fille, une petite rousse de treize à quatorze ans, les joues rouges, la mine éveillée... Ils se lèvent.

CYPRIENNE *.

Je vois ça d'ici... Un Greuze.

DE BONNIÈRES.

Un Greuze, retouché par Manet... La petite était en train de métamorphoser en beurre, le lait de deux grandes vaches couchées dans la prairie voisine.

CYPRIENNE, riant.

Charmant tableau!...

DE BONNIÈRES.

Ma petite, lui demandai-je... est-il est vrai que ta mère possède une curieuse collection? — Une collection, fait la petite... Qu'est-ce que c'est que ça? — Des assiettes, des plats, des faïences, enfin? — Ah! oui, m'sieu, tout ça est dans l'armoire...— Pourrais-tu me faire voir? — Ça serait avec plaisir, m'sieu! mais c'est m'man qu'a la clé. — Et où est-elle, ta m'man? — Elle est allée porter la soupe aux

* De Bonnières, Cyprienne.

vendangeurs. — Et quand reviendra-t-elle? — Bédame, m'sieu, quand le soleil sera couché. — Mais sapristi, il n'est que dix heures du matin... ce sera peut être long... Ne pourrais-tu pas aller me la chercher, ta maman? — Aller vous la qu'rir, m'sieu, pas possible: et mon beurre! qu'est-ce qui ferait mon beurre?

CYPRIENNE, *riant.*

Très naturaliste, ce dialogue-là!...

DE BONNIÈRES.

Furieux d'être venu pour rien, j'allais m'en aller, quand l'enfant me dit ingénument : — Au fait, m'sieu, si vous voulez continuer ma besogne, j'irai vous la qu'rir, maman... Et voyant mon air stupéfait à cette proposition: — Oh! c'est pas difficile, allez, m'sieu... il n'y a qu'à faire toujours la même chose... Tenez, comme ça... Et elle battait, elle battait... Qu'auriez-vous fait à ma place?

CYPRIENNE, *riant.*

Moi! ce que...

DE BONNIÈRES.

Plutôt que de rentrer encore une fois bredouille... j'acceptai!...

CYPRIENNE, *en riant.*

Et vous avez...

Elle fait le geste.

DE BONNIÈRES, *froidement.*

Pendant trois quarts d'heure, sans cesser une seconde! avec une conscience! Et quand la m'man est rentrée, j'ai reçu ses compliments au sujet de mon travail! Il paraît que sans le savoir, j'avais la vocation!... Enfin, la fameuse armoire s'ouvrit et j'aperçus...

CYPRIENNE.

Une collection rare, sans doute?...

DE BONNIÈRES.

Trois ou quatre horribles bols en porcelaine comme on en vend dans les foires de village!... Je faillis m'évanouir...

CYPRIENNE, riant.

Pauvre ami!...

DE BONNIÈRES.

Oh! la porcelaine!... moi qui ne peux pas la souffrir!...

CYPRIENNE, riant.

Oui, oui, je connais votre monomanie... mais la porcelaine... la faïence, ce n'est donc pas la même chose?

DE BONNIÈRES.

Quelle profanation! La porcelaine..... c'est..... c'est le commerce... la faïence c'est l'art... Oh! la porcelaine... (Montrant le vase qui est sur la table.) Aussi, quand je vois chez vous une machine de ce genre-là, il me prend des envies folles de la jeter par la fenêtre.

CYPRIENNE, vivement.

Je vous le défends!

DE BONNIÈRES, près de la table.

Je sais que vous tenez à cet affreux vase parce que c'est un cadeau de madame Bertin.

CYPRIENNE, vivement.

Justement!

DE BONNIÈRES, à gauche de la table, Cyprienne à droite.

Qui vous l'a envoyé, il y a un mois pour votre fête... avec un bouquet magnifique. (D'un ton suppliant.) Cyprienne, un jour que vous voudrez me faire un grand plaisir...

CYPRIENNE.

Eh bien?

DE BONNIÈRES.

Soyez donc maladroite... et laissez tomber ce vase!... Tâchez qu'il se casse en mille miettes... et je vous proclamerai la plus aimable des femmes.

CYPRIENNE, vivement.

N'y comptez pas!... Dites-moi... En avez-vous encore pour longtemps à parcourir les environs?... A votre place, j'y renoncerais...

DE BONNIÈRES.

Je n'ai plus qu'une habitation à visiter... La ferme des Oseraies, à quelques kilomètres d'ici... A propos... vous n'avez pas besoin de la voiture, n'est-ce pas? Je viens de la demander.

CYPRIENNE.

Non... non... je ne mettrais pas même les pieds dehors aujourd'hui, si je ne devais pas aller tout près d'ici, chez une brave femme... la veuve Michaud... Le curé me l'a vivement recommandée... Je veux lui remettre quelques louis pour l'aider à passer l'hiver sans trop de misère...

DE BONNIÈRES, lui remettant un billet de banque de cent francs.

Quand il s'agit de bonnes œuvres... vous savez que nous sommes toujours de moitié...

CYPRIENNE.

Merci... la voilà riche jusqu'au printemps.

Elle va déposer l'argent dans une coupe sur la cheminée. A ce moment on entend le bruit d'une voiture. Bruit de grelots et coups de fouet.

DE BONNIÈRES.

Une voiture!... (Il va à la fenêtre.) Tiens... c'est l'omnibus du chemin de fer.

CYPRIENNE, troublée.

Vraiment?

DE BONNIÈRES.

Une dame en descend... je ne reconnais pas bien... Des cartons... des caisses... Oh! que de caisses! c'est une Parisienne, bien sûr. (Vivement, à part.) Mon Dieu! pourvu que ce ne soit pas ma belle-mère!

SCÈNE III

LES MÊMES, BAPTISTE, puis VALENTINE.

BAPTISTE, annonçant.

Madame Bertin!

Il sort. — Valentine entre.

CYPRIENNE.

Valentine!

Elle va à elle.

VALENTINE, l'embrassant.

Ma bonne Cyprienne!

DE BONNIÈRES, lui embrassant la main *.

Que je suis heureux de vous voir, chère madame!

VALENTINE.

Je vous demande mille pardons de n'avoir pas répondu à votre aimable invitation, je me suis dit que la meilleure réponse était de venir moi-même et si je ne vous gêne pas trop...

CYPRIENNE.

Peux-tu le penser?

DE BONNIÈRES.

Est-ce que cet excellent Bertin ne vous a pas accompagnée?

VALENTINE, assise sur la causeuse.

Si... si... seulement mon mari m'a quittée à la station; il viendra me rejoindre dans une heure ou deux.

DE BONNIÈRES.

Je devine! Il est allé visiter le Camp de César.

VALENTINE.

En effet! On a parlé dans le wagon de cette curiosité historique... Sitôt descendu de chemin de fer.... il n'a pas pu y tenir... et...

* De Bonnières, Valentine, Cyprienne.

DE BONNIÈRES, riant.

Votre mari est donc toujours aussi enthousiaste d'archéologie? Quelle drôle de manie!

CYPRIENNE, riant.

Je vous conseille de parler, vous! avec votre soucoupe!

DE BONNIÈRES.

Oh! moi, c'est bien différent, parce que les faïences... Il y a bien des gens qui collectionnent des timbres-poste, je connais même un monsieur qui collectionne des bassinoires!

CYPRIENNE, l'interrompant.

Et M. Bertin a-t-il terminé son grand ouvrage qui doit lui ouvrir les portes de l'Institut?

DE BONNIÈRES, riant.

Parbleu! dix énormes volumes! Il n'aura qu'à frapper avec... les portes ne pourront lui résister...

VALENTINE, riant.

Il y travaille toujours...

CYPRIENNE, à de Bonnières, elle se lève.

Mon ami, allez vite, je vous prie, donner des ordres pour que l'on prépare l'appartement de Valentine.

DE BONNIÈRES.

J'y cours... et je reviens.

Il sort.

SCÈNE IV

VALENTINE, CYPRIENNE.

Elles s'asseyent sur la causeuse.

CYPRIENNE.

Comme c'est aimable à toi d'être venue, ma chère Valentine.

VALENTINE.

Ça te fait plaisir... bien vrai?...

CYPRIENNE.

Peux-tu en douter?... Je te possède pour combien de temps?

VALENTINE.

Ce que tu voudras me garder... quinze jours à peu près ..

CYPRIENNE.

Ah! quinze jours!

VALENTINE, riant.

Ça te parait trop?

CYPRIENNE.

Oh! non... mais... nous n'avons à t'offrir aucune distraction...

VALENTINE, gravement.

Ce n'est pas de la distraction que je viens chercher chez toi, Cyprienne... Nous sommes seules, bien seules... Écoute-moi! ce que je viens te demander, c'est un refuge.

CYPRIENNE.

Un refuge!

VALENTINE, se jetant dans les bras de Cyprienne.

Cyprienne! ma chère Cyprienne, sauve-moi!

CYPRIENNE.

Qu'y a-t-il?... Tu me fais peur...

VALENTINE.

Ne va pas me repousser surtout... quand tu sauras!... Tiens... voilà que je n'ose plus... Et je suis venue cependant pour te le dire... Cyprienne... j'aime quelqu'un!...

CYPRIENNE, elles se lèvent *.

Toi aussi!

VALENTINE.

Hein! que dis-tu?

* Cyprienne, Valentine.

CYPRIENNE, vivement.

Rien... rien... ah! tu aimes... Et peut-on savoir... qui est ce quelqu'un?

VALENTINE, vivement.

Oh! le cœur le plus noble, le plus généreux... nous nous étions souvent rencontrés dans le monde! Je l'avais à peine remarqué; mais il y a peu de temps, il nous fut présenté, à mon mari et à moi, par un ami commun...

CYPRIENNE, riant.

Le trait de désunion!

VALENTINE.

Il paraissait triste! Je voulus le consoler; il m'avoua qu'il aimait sans espoir, mais qu'il ne nommerait jamais...

CYPRIENNE, riant.

Comme Fortunio.

VALENTINE, timidement.

Hier seulement, il a osé m'avouer...

CYPRIENNE.

Et c'est le joli nom de Valentine qui s'est échappé de ses lèvres...

VALENTINE.

Oui! A l'émotion que je ressentis, je m'aperçus avec effroi que je l'aimais aussi... et dans la crainte de le lui laisser voir... j'ai eu le courage... de me sauver, de fuir! Je me suis rappelé ton invitation que j'avais un peu oubliée, je l'avoue, et je suis venue chercher près de toi un refuge, comme je te le disais, un refuge contre moi-même. Cyprienne, ma chère Cyprienne... conseille-moi, guide-moi, secours-moi!

CYPRIENNE, l'embrassant.

Chère mignonne! (Bas.) Chut... M. de Bonnières.

SCÈNE V

LES MÊMES, DE BONNIÈRES, puis BAPTISTE *.

DE BONNIÈRES, entrant, à Valentine.

Dans un instant, madame, votre appartement sera prêt.

VALENTINE.

Merci.

BAPTISTE, entrant.

La voiture est en bas, monsieur.

Il sort.

DE BONNIÈRES.

Bien !... Vous me pardonnerez de vous abandonner pendant quelques moments.

VALENTINE, gracieusement.

Ne soyez pas trop longtemps absent.

DE BONNIÈRES.

Hélas, madame, j'ai bien peur de revenir trop vite.

VALENTINE, riant.

Voilà qui n'est pas galant, par exemple...

DE BONNIÈRES.

Oh ! je m'entends... j'ai si peu de chance de trouver...

VALENTINE.

Quoi donc ?

CYPRIENNE, raillant.

Le seul souci de mon collectionneur de mari... la soucoupe du roi Louis XV.

VALENTINE.

Ah ! du moment qu'il s'agit de vos faïences... A ce soir... ou à demain.

* Cyprienne, de Bonnières, Valentine.

DE BONNIÈRES.

Vous vous moquez de moi... cela ne m'étonne pas!... Votre éducation sur ce sujet est entièrement à faire, et même à ce propos, permettez-moi de vous gronder.

VALENTINE, surprise.

Me gronder?

DE BONNIÈRES.

Pourquoi avoir envoyé à Cyprienne cet horrible... ce magnifique vase.

Il va vers le vase.

CYPRIENNE, bas, vivement à Valentine *.

C'est toi qui me l'as envoyé, pour ma fête.

VALENTINE **.

Ah!

DE BONNIÈRES.

Dès que je l'ai vu arriver, je me suis douté de qui il venait et j'ai dit à ma femme, n'est-ce pas, Cyprienne?...

CYPRIENNE.

Oui, en effet.

DE BONNIÈRES.

Je suis sûr que c'est madame Bertin qui a eu cette attention... Est-ce que c'est votre mari qui a choisi ça?...

VALENTINE.

Non... (Sur un regard de Cyprienne.) C'est moi... moi seule... qui...

CYPRIENNE, à de Bonnières ***.

Mon ami, vous oubliez que la voiture vous attend...

DE BONNIÈRES.

Je m'en vais.

VALENTINE.

Allons, bonne chance!... monsieur de Bonnières!...

DE BONNIÈRES ****.

Au fait, qui sait?... voilà une journée qui commence heureusement, et l'on dit qu'un bonheur n'arrive jamais seul. Mesdames...

Il salue et sort.

* De Bonnières, Cyprienne, Valentine.

** De Bonnières, Valentine, Cyprienne.

*** De Bonnières, Cyprienne, Valentine.

**** Cyprienne, de Bonnières, Valentine.

SCÈNE VI

CYPRIENNE, VALENTINE.

VALENTINE.

Il n'est plus là!... Maintenant, tu vas me dire bien vite pourquoi tu m'as forcée de mentir?

CYPRIENNE.

Oh! mentir... voilà un bien gros mot...

VALENTINE.

Comment?

CYPRIENNE.

Sans doute. Ne se trouve-t-on pas souvent dans l'obligation de dissimuler un peu la vérité?.. Toi-même n'as-tu été quelquefois forcée...

VALENTINE, ingénument.

Vis-à-vis de mon mari! jamais... Enfin, pourquoi as-tu dit à M. de Bonnières que c'était moi qui t'avais envoyée...

CYPRIENNE, vivement.

Il vient de t'avouer lui-même que la première pensée venait de lui, je me suis contentée de ne pas dire non. Est-ce mentir?

VALENTINE.

Mais certainement .. De qui vient-il donc ce vase?

CYPRIENNE, hésitant.

De quelqu'un!

VALENTINE.

Ah! oui... au fait... Toi aussi!... Et moi qui te croyais si froide, si calme... moi qui venais te demander des conseils... (A part.) Je tombe bien!

CYPRIENNE, elles s'asseyent à la table.

Ah! Valentine... si tu savais... D'abord quand on m'a mariée à M. de Bonnières, je ne le connaissais qu'à peine.

VALENTINE.

Pourquoi l'as-tu épousé?

CYPRIENNE.

Le mariage a toujours pour une jeune fille l'attrait d'un paradis inconnu... Elle désire si vivement y entrer..

VALENTINE, avec un soupir.

Qu'elle regarde à peine celui qui lui en ouvre la porte!...

CYPRIENNE.

De son côté, mon mari j'en suis sûre, n'a jamais ressenti pour moi qu'une affection tempérée... (Mouvement de Valentine.) Je crois qu'il m'aime un peu plus que le Rouen... presque autant que le Marseille .. Mais certainement moins que le Delft!

VALENTINE.

Cyprienne!

CYPRIENNE.

Un moment, j'ai pensé que mon cœur était condamné à un silence éternel, mais un jour il s'est révolté contre cette condamnation inique! Et alors...

VALENTINE.

Et alors... Oh! mon Dieu! Alors... tu as trompé ton mari?

CYPRIENNE, vivement, elles se lèvent *.

Non... pas encore!... Mais tromper... quel affreux mot!... Une honnête femme ne trompe pas son mari...

VALENTINE, à part.

Elle le remplace! (Haut.) Et ton quelqu'un à toi... Il t'aime passionnément...

CYPRIENNE.

Ah! si tu l'avais vu le jour de son départ pour Paris.

VALENTINE.

Son départ!... Il était donc ici... chez toi?

* Cyprienne, Valentine.

CYPRIENNE.

Non... non!... Il était chez un de ses amis qui habite à cinq minutes d'ici... Il y a six semaines de cela... Oh! il ne voulait pas partir... Mais comme il s'agissait d'un procès d'où peut dépendre son avenir... j'ai absolument exigé... et la veille de nos adieux... Mais je suis folle de te conter tout cela...

VALENTINE, rêveuse *.

Non, non, continue...

CYPRIENNE.

Sous le prétexte d'une longue promenade à pied, j'étais sortie seule de grand matin. J'arrivai à la Butte aux Pinsons où il m'attendait... je le trouvai si désolé, que pour adoucir notre séparation, je lui donnai un souvenir...

VALENTINE.

Un souvenir!...

CYPRIENNE.

Mon portrait.

VALENTINE.

Quelle imprudence!

CYPRIENNE.

Oh! je n'ai rien à craindre... Je suis certaine qu'il y tient si précieusement... D'ailleurs, ce portrait je l'avais fait enfermer dans un écrin de maroquin rouge qu'on ne peut ouvrir que par un secret... Oh! si tu avais vu quelle joie éclatait dans ses yeux quand je le lui donnai...

VALENTINE.

Et depuis? Il t'écrit souvent sans doute?

CYPRIENNE.

Il m'a écrit dix fois... et avec une passion... Mais depuis quinze jours, pas une seule ligne... Je me demande ce que cela signifie... Car bien qu'il n'y ait rien entre nous... (Mouvement de Valentine.) Je te le promets encore... Ce serait si mal à lui d'oublier qu'il m'a juré de n'aimer plus ja-

* Valentine, Cyprienne.

mais que moi... Tu comprends à présent pourquoi tout à l'heure... en te voyant entrer... moi qui voulais retourner à Paris dans trois jours...

VALENTINE.

Mon arrivée a dérangé tes projets... Ne crains rien... Je ne resterai pas longtemps.

CYPRIENNE.

Oh! quelle idée... maintenant que te voilà, je ne pense plus à partir... J'aurai une amie avec qui parler de lui... je ne serai plus seule à me forger des idées... Pour commencer, je vais aller voir si rien ne manque dans ton appartement... Tes bagages sont-ils arrivés?

VALENTINE.

Je les attends avec ma femme de chambre.

CYPRIENNE.

Je reviens.

Elle sort.

SCÈNE VII

VALENTINE, seule.

Son portrait!... Elle est plus avancée que moi!

Elle a l'air de réfléchir, se lève, va regarder le vase de porcelaine, puis se rassied en proie à ses réflexions. — Fanny paraît au fond.

SCÈNE VIII

VALENTINE, FANNY.

FANNY.

Madame...

VALENTINE.

Ah! Fanny!... Vous avez fait bon voyage, ma fille?

FANNY.

Oui, madame, j'arrive à l'instant. Je viens demander à madame si elle a besoin de moi?

VALENTINE.

Non! faites-vous indiquer mon appartement... par là.

Elle montre la droite.

FANNY.

Oui, madame. (*Elle va pour sortir et revient.*) Pardon, j'oubliais... Un moment après le départ de madame, M. de Marcy est venu.

VALENTINE, *avec émotion.*

Ah!

FANNY.

Il a paru très étonné d'apprendre que madame était partie... Et comme, selon l'ordre de madame je n'ai pas voulu lui dire où madame s'était rendue, il m'a demandé si j'irais bientôt retrouver madame.

VALENTINE.

Qu'avez-vous répondu?

FANNY.

N'ayant reçu aucune instruction à ce sujet, j'ai répondu que je rejoindrais madame aujourd'hui même. Alors M. de Marcy est entré dans le salon. Il a écrit une lettre et me l'a remise... La voilà!

Elle la tire d'un petit sac de voyage qu'elle porte avec elle.

VALENTINE, *vivement.*

Donnez... (*Fanny la remet à Valentine.*) Merci... je n'ai plus besoin de vous...

Fanny sort.

SCÈNE IX

VALENTINE, seule, puis DE BONNIÈRES.

VALENTINE.

C'est la première fois qu'il m'écrit.

Elle regarde la lettre avec hésitation. En ce moment on entend à gauche la voix de de Bonnières. Elle met la lettre dans sa poche, va à la table et feuillette vivement un album qui se trouve sur la table, comme pour cacher son trouble.

DE BONNIÈRES, entrant.

Allons! c'est à y renoncer.

Il tombe accablé sur un fauteuil et aperçoit Valentine.

VALENTINE.

Ah!

DE BONNIÈRES, se levant vivement.

Comment, madame, vous étiez là... seule...

VALENTINE.

Cyprienne m'a laissée un moment pour s'occuper de mon installation...

SCÈNE X

LES MÊMES, CYPRIENNE, rentrant.

CYPRIENNE.

Tout est à peu près en ordre chez toi.

DE BONNIÈRES *.

Oh!... c'est une chose incroyable!

CYPRIENNE, apercevant son mari.

Vous... déjà!

* Valentine, Cyprienne, de Bonnières.

DE BONNIÈRES.

Voilà un adverbe qui me semblerait peu gracieux si je ne le prenais pour l'expression d'un regret! Eh bien oui... Encore bredouille!... Décidément la tasse de Louis XV est destinée à rester veuve de sa soucoupe!...

VALENTINE, riant.

Pauvre monsieur de Bonnières.

DE BONNIÈRES.

Rien, toujours rien... C'est du guignon, ma parole d'honneur! Quand je dis rien... J'ai bien trouvé quelque chose... mais pas ce que je cherchais!

CYPRIENNE.

Une vieille assiette sans doute?

VALENTINE.

Ou quelque soupière ébréchée!

DE BONNIÈRES.

Non... un objet moderne! Je venais de quitter la ferme des Oseraies, j'avais dit à mon cocher de m'attendre un peu en avant de la Butte aux Pinsons. Cyprienne, vous connaissez la Butte aux Pinsons?

CYPRIENNE, un peu troublée.

Oui... Mes promenades m'ont quelquefois menée de ce côté.

DE BONNIÈRES.

Alors vous vous rappelez peut-être une grande avenue qui y conduit?

CYPRIENNE, très troublée.

Oui... oui...

DE BONNIÈRES.

Je m'en revenais donc tout penaud, je regardais machinalement, quand tout à coup, il me sembla apercevoir à mes pieds...

VALENTINE, vivement.

Quoi donc?

DE BONNIÈRES.

Un objet dont je ne pus tout d'abord distinguer la forme. Je me baissai et je ramassai (Tirant de sa poche un écrin en maroquin rouge.) ceci.

CYPRIENNE, bas.

Mon Dieu !

VALENTINE, bas.

Prends garde !

DE BONNIÈRES.

Je pensai d'abord que cet écrin renfermait une médaille de député ! Un de nos honorables possède justement un château tout près de là, et je me disais : En allant s'informer des besoins de ses électeurs...

VALENTINE.

En effet, ce doit être...

DE BONNIÈRES *.

Oh ! non ! non ! ce n'est pas du tout ça. (Mouvement de Cyprienne.) Quand je voulus ouvrir cet écrin, je m'aperçus qu'il y avait un ressort, rouillé sans doute par l'humidité, car il me fut impossible de le faire mouvoir...

CYPRIENNE, prête à se trouver mal.

Ah ! vous n'avez pas pu...

DE BONNIÈRES.

Non !... Et cependant je suis curieux de savoir ce qu'il y a dedans ! D'après les précautions prises contre les indiscrets, je parierais que c'est un portrait, un portrait de femme. (A Cyprienne.) Cyprienne, avez-vous là vos ciseaux ?...

CYPRIENNE, perdant la tête.

Peut-être bien... Je ne sais pas.

Valentine va à Cyprienne sans lui rien dire et lui serre la main.

DE BONNIÈRES.

Il est évident qu'on a fait faire ce portrait pour quelque amant distrait... qui l'aura perdu sans y attacher plus d'importance qu'à une fleur fanée ou à une vieille paire de gants...

* Cyprienne, Valentine, de Bonnières.

VALENTINE, regardant Cyprienne.

Peut-être bien...

DE BONNIÈRES, qui est allé à la table et a trouvé des ciseaux dans une corbeille.

Là ! voilà ce qu'il me faut !... Et nous allons bien voir...

VALENTINE, vivement *.

Monsieur de Bonnières... qu'allez-vous faire là?

DE BONNIÈRES, les ciseaux à la main.

Je vais ouvrir cet écrin, parbleu !...

CYPRIENNE, à part.

Je suis perdue!

VALENTINE, vivement, arrêtant la main de M. de Bonnières.

Un moment... un moment... Vous n'y songez pas... Le mystère dont on a entouré ce portrait prouve assez que vous avez deviné juste et qu'il y a là l'honneur d'une femme... Réfléchissez... Vous qui êtes un galant homme... vous allez commettre une action inqualifiable, pour découvrir un secret (Regardant Cyprienne.) qui... évidemment... ne vous touche en rien... Encore une fois, monsieur de Bonnières, réfléchissez !...

DE BONNIÈRES, après une seconde d'hésitation remettant les ciseaux sur la table **.

Vous avez raison ! Ce que j'allais faire était une indélicatesse... je vous remercie de me l'avoir épargnée...

Il jette le médaillon dans le feu.

CYPRIENNE.

Que faites-vous ?

DE BONNIÈRES, riant.

Je m'assure contre la tentation que je pourrais avoir demain !

VALENTINE, lui prenant la main.

C'est bien, cela ! C'est très bien. (Voyant l'émotion de Cyprienne.) Fais donc attention.

* De Bonnières, Valentine, Cyprienne.

** Valentine, Cyprienne, de Bonnières.

DE BONNIÈRES, devant la cheminée, regardant dans la coupe.

Tiens... Qu'est-ce que c'est que cet argent-là?... Ah! je me souviens... la somme que vous destinez à cette pauvre femme.

CYPRIENNE, très-émue.

En effet... je voulais lui porter tout à l'heure, mais je me sens un peu fatiguée... et vous seriez fort aimable d'aller à ma place...

DE BONNIÈRES.

Très volontiers... chère amie... très volontiers.

VALENTINE *.

Mon cher monsieur de Bonnières... Puisque vous sortez .. voudrez-vous avoir la bonté de vous informer de ce qu'a pu devenir mon mari? Son absence commence à m'inquiéter.

DE BONNIÈRES.

Rassurez-vous... Je connais M. Bertin... Une fois le Camp de César visité, on lui aura dit qu'on pouvait admirer une lieue plus loin, les ruines de l'Amphithéâtre de Sextus... Ce qui fait que de César en Sextus,... nous ne verrons pas arriver votre mari avant deux ou trois heures d'ici... (A Cyprienne.) Au fait, où demeure-t-elle votre protégée?

CYPRIENNE.

A gauche en sortant d'ici, une petite maisonnette au tournant du chemin!...

Elle s'assied sur la chaise près de la table.

DE BONNIÈRES.

Oui, oui, un toit couvert de lierres et de glycine... Je vois ça d'ici... (Il va prendre l'argent sur la cheminée.) Tiens! le fameux mystère est tout à fait en cendres!

CYPRIENNE.

Oui! oui!...

DE BONNIÈRES, riant.

Qui sait?... En croyant sauver l'honneur d'une femme... j'ai peut-être assuré le bonheur d'un homme.

VALENTINE, vivement.

Comment?

* Valentine, de Bonnières, Cyprienne.

DE BONNIÈRES.

Sans doute. Si le mari du médaillon rouge avait appris... c'est peut-être un brave homme que cela aurait rendu bien malheureux.

VALENTINE.

Vous croyez?

DE BONNIÈRES.

A en juger par ce que je souffrirais à l'idée seule ;... (Riant.) Mais j'ai deux préservatifs contre cette douleur-là.

VALENTINE, vivement.

Lesquels?

DE BONNIÈRES.

J'aime ma femme de toutes mes forces.

CYPRIENNE.

Mon ami...

VALENTINE.

Et ensuitè?

DE BONNIÈRES.

Ensuite... J'ai confiance! j'ai confiance!

Il embrasse affectueusement Cyprienne et sort.

SCÈNE XI

CYPRIENNE, VALENTINE.

CYPRIENNE.

Oh! Valentine! (Elle lui prend les mains et la fait asseoir près d'elle.) Sans ta présence d'esprit j'ai cru que mon mari...

VALENTINE.

Ah! l'excellent homme! En voilà un qui t'aime véritablement! Quand je pense au danger que tu viens de courir... Oh! que j'ai donc bien fait de chercher un refuge près de toi... Quelle leçon!... Mon mari peut à présent dormir sur ses deux oreilles, pour le cas où l'oiseau bleu viendrait à frapper à ma vitre... je vais fermer mes persiennes. (Tirant la lettre qu'elle a reçue de sa poche.) Tu vois cette lettre, elle vient de lui... je ne l'ai pas lue et je vais...

CYPRIENNE, très émue Elles se lèvent *.

Cette écriture. (Elle ouvre vivement et lit.) Pourquoi me fuir ainsi, madame! (Cessant de lire.) Voilà pourquoi il ne m'écrivait plus. (Reprenant sa lecture.) « Vous me brisez le cœur, je vous l'ai dit hier et je vous le répète encore; ce n'est que du jour où je vous ai vue que j'ai compris ce que c'était qu'aimer! (A Valentine.) Et c'est à toi... (Cessant de lire et froissant la lettre.) Lâche! lâche!

VALENTINE, à part.

Ah!

Cyprienne jette la lettre au feu, Valentine la regarde sans rien dire. — Cyprienne se retourne et voit Valentine qui la regarde : Elle va à elle et lui serre la main.

SCÈNE XII

Les Mêmes, DE BONNIÈRES.

La porte s'ouvre brusquement. — Parait de Bonnières tout effaré, sans chapeau, la redingote boutonnée ; sans rien dire il tombe sur le pouf que vient de quitter Cyprienne.

CYPRIENNE **.

Ah! mon Dieu! Qu'y a-t-il? vous allez vous trouver mal...

VALENTINE.

Qu'est-ce donc? Un grand événement, sans doute! Il ne vous est rien arrivé de fâcheux, au moins?

De Bonnières fait signe que non.

CYPRIENNE.

Alors, c'est quelque chose d'heureux!

De Bonnières fait signe que oui. — Cyprienne se dirige vers la cheminée et verse un verre d'eau à de Bonnières qui le boit sans reprendre haleine. — Cyprienne remet le verre d'eau sur le plateau.

* Valentine, Cyprienne.

** Valentine, de Bonnières, Cyprienne.

DE BONNIÈRES.

Merci!

CYPRIENNE.

Vous vous sentez mieux?

DE BONNIÈRES.

Me voilà tout à fait remis!

VALENTINE.

Contez-nous vite ce qui vous est arrivé.

DE BONNIÈRES.

Oh! si vous saviez! la chose la plus incroyable, la plus extraordinaire, la plus...

VALENTINE, *vivement.*

Nous avons lu madame de Sévigné!... Après... après...

DE BONNIÈRES.

Ah! comme on a raison de dire qu'on va souvent chercher bien loin le bonheur qu'on a sous la main.

VALENTINE, *vivement.*

Oui... souvent... très souvent!...

CYPRIENNE.

L'histoire!... l'histoire!...

DE BONNIÈRES.

Voilà!... Donc... j'entre chez la mère Michaud, et je lui remets de votre part, la petite somme que vous m'aviez chargé de lui donner... Si vous aviez vu quelle joie!... Elle appelle tous ses bambins pour qu'ils me témoignent leur reconnaissance... Les enfants accourent...

VALENTINE.

Elle en a beaucoup?

DE BONNIÈRES.

Neuf! Et elle n'avait que sept ans de ménage, quand ce pauvre Michaud, un brave travailleur, à ce qu'il paraît...

VALENTINE.

Après... après...

DE BONNIÈRES.

Les enfants me sautent au cou! sauf un petit gamin qui semblait fort occupé à faire déjeuner un gros chat, blanc comme neige!

CYPRIENNE, *étonnée.*

Un chat!

DE BONNIÈRES.

Une superbe bête! Tout en caressant les marmots, je regardais sans trop savoir pourquoi l'animal en question lorsque tout à coup, une sueur froide me passa sur le front! A mesure que la bête engloutissait son déjeuner, il me semblait apercevoir dans le récipient... des dessins... une couleur. .

CYPRIENNE, *vivement.*

C'était...

DE BONNIÈRES.

Juste! C'était ma soucoupe! Jugez de mon émotion!... Mon rêve!... mon idéal, je le retrouvais servant d'écuelle à un chat!

CYPRIENNE.

Et vous l'avez achetée à cette pauvre femme...

DE BONNIÈRES.

Qui voulait me la donner pour rien!... mais j'ai tenu à ne pas lui faire tort d'un centime! Je la lui ai payée cinquante francs!...

CYPRIENNE.

Cinquante francs!...

DE BONNIÈRES.

Elle en vaut bien plus!...

VALENTINE.

Mes compliments...

DE BONNIÈRES.

Vous comprenez mon bonheur! (Il tape sur sa redingote.) Enfin, je la possède. (Poussant un cri.) Oh! mon Dieu! (Il la tire de sa poche.) J'ai cru que je l'avais brisée!... Hein? Est-ce admirable? Quelle pâte! quelle pâte!... La couronne, le chiffre! tout y est!... A présent, nous pouvons rentrer à Paris.

CYPRIENNE.

Si vous le voulez bien... nous ne quitterons Beaupréau que le mois prochain.

DE BONNIÈRES.

Comme il vous plaira!... Je vais mettre ma soucoupe dans ma vitrine... (Il passe devant la table où est le vase du Japon.) Quelles couleurs! quel dessin! Je vous demande un peu si ce vase du Japon peut soutenir une minute la comparaison avec...

CYPRIENNE.

Allons... puisqu'il vous déplaît tant, je vais le placer dans ma chambre. (Elle prend le vase et se dirige à droite. Elle pousse un cri et le laisse tomber.) Ah! maladroite!

DE BONNIÈRES, avec joie.

Brisé! complètement brisé!... Quel bonheur! Enfin, je ne le verrai plus!...

CYPRIENNE.

Non, plus jamais!

VALENTINE.

Avec tout ça, et mon mari?... Il faudrait pourtant s'inquiéter de ce qu'est devenu mon mari!...

SCÈNE XIII

LES MÊMES, BAPTISTE.

BAPTISTE, annonçant.

M. Bertin!

Paraît au fond un homme enveloppé d'un cache-nez, portant trois très gros volumes sous son bras.

DE BONNIÈRES, allant à lui.

Ah! le voilà... ce cher Bertin!

VALENTINE, devançant de Bonnières *.

Enfin!... c'est toi. (Se jetant dans ses bras.) Ah! je t'aime bien, va!

Cyprienne et de Bonnières tendent la main à M. Bertin qui a l'air tout étonné de l'élan de Valentine. — Rideau.

* Valentine, Bertin, de Bonnières, Cyprienne.

FIN

Imprimerie générale de Châtillon-sur-Seine, Jeanne Robert.

www.ingramcontent.com/pod-product-compliance
Lightning Source LLC
LaVergne TN
LVHW020304230826
846091LV00006B/2513
9782329354019